AF189243

Impressum
Verlag: BABADADA GmbH, Nedderfeld 112 , 22529 Hamburg
Geschäftsführer / Verlagsleitung: Harald Hof
Druck: Books on Demand GmbH, In de Tarpen 42, 22848 Norderstedt

Imprint
Publisher: BABADADA GmbH, Nedderfeld 112 , 22529 Hamburg, Germany
Managing Director / Publishing direction: Harald Hof
Print: Books on Demand GmbH, In de Tarpen 42, 22848 Norderstedt

escola
okul

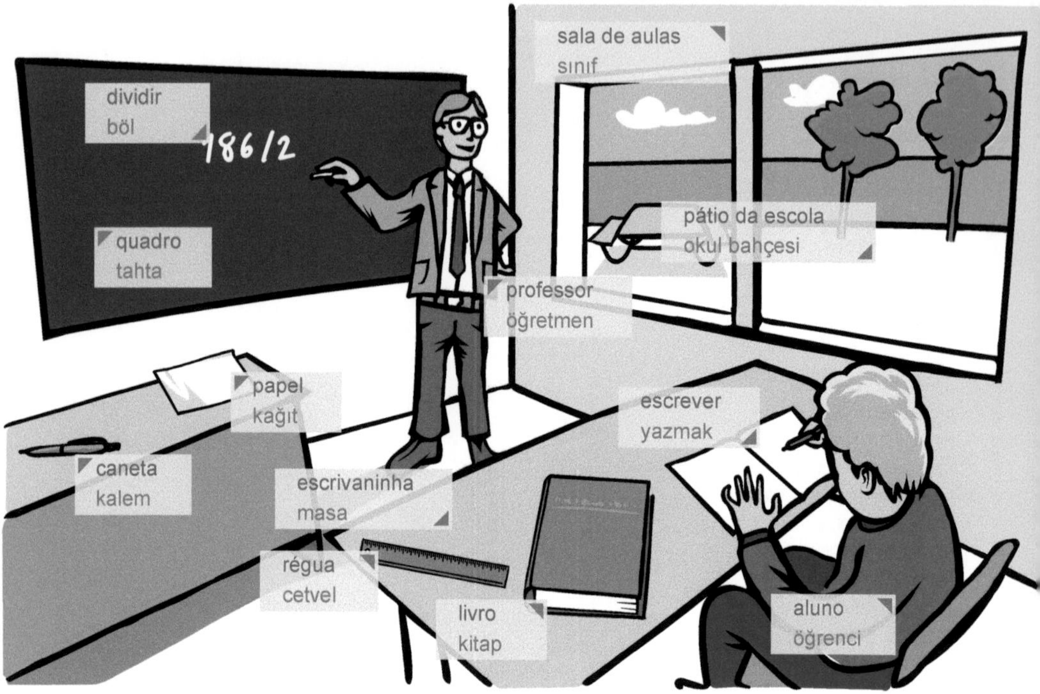
sala de aulas
sınıf
dividir
böl
186/2
quadro
tahta
pátio da escola
okul bahçesi
professor
öğretmen
papel
kağıt
escrever
yazmak
caneta
kalem
escrivaninha
masa
régua
cetvel
livro
kitap
aluno
öğrenci

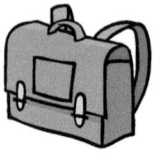

sacola
okul çantası

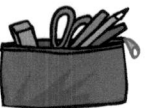

estojo de lápis
kalemlik

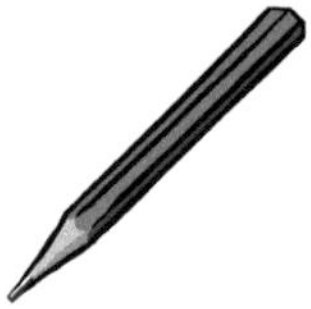

lápis
kurşun kalem

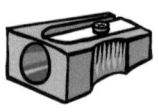

apontador de lápis
kalem açacağı

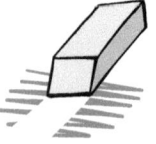

borracha
silgi

bloco de desenho
çizim defteri

desenho

çizim

pincel

resim fırçası

estojo de tintas

boya kutusu

tesoura

makas

cola

tutkal

livro de exercícios

alıştırma kitabı

lição de casa

ödev

número

sayı

somar

ekle

subtrair

çıkar

multiplicar

çarp

calcular

hesapla

letra

harf

alfabeto

alfabe

palavra

kelime

texto

metin

ler

okumak

giz

tebeşir

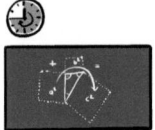

hora

ders

registro da classe

kayıt

exame

sınav

certificado

sertifika

uniforme escolar

okul forması

educação

eğitim

enciclopédia

ansiklopedi

universidade

üniversite

microscópio

mikroskop

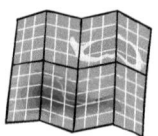

mapa

harita

cesto de lixo

kağıt çöp kutusu

viagem
seyahat

hotel
otel
Grand
albergue
pansiyon
ROOMS
casa de câmbio
döviz bürosu
CHANGE
mala
bavul
carro
otomobil

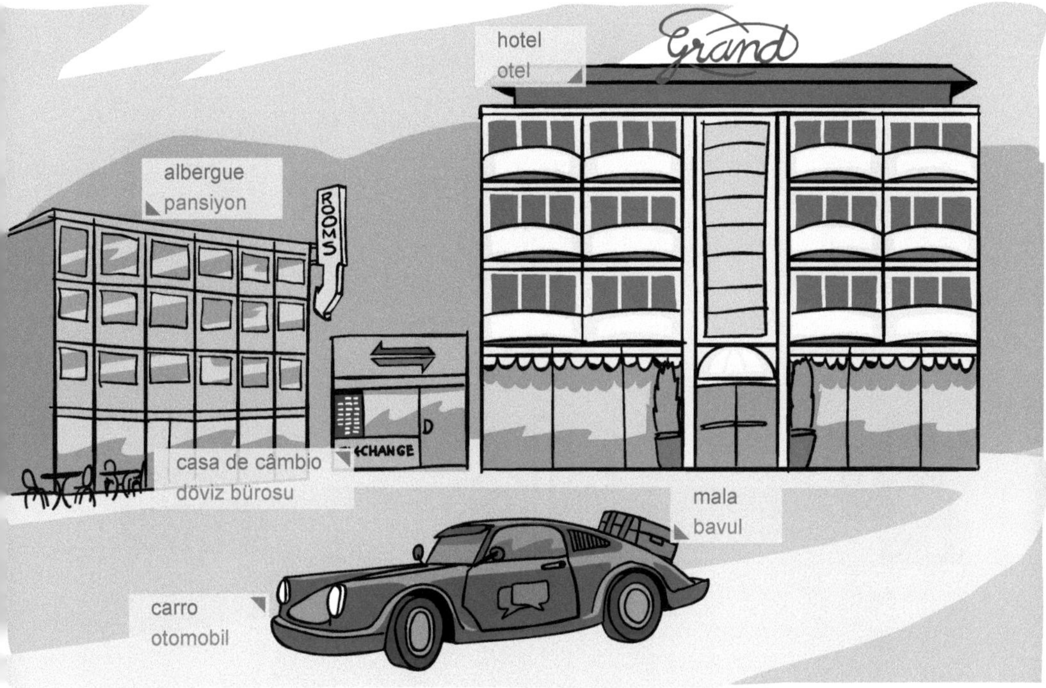

idioma

dil

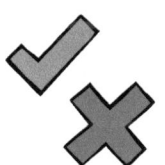

sim / não

evet / hayır

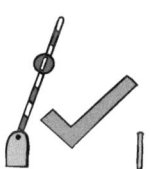

ok

Tamam

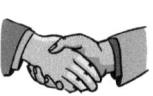

Olá

merhaba

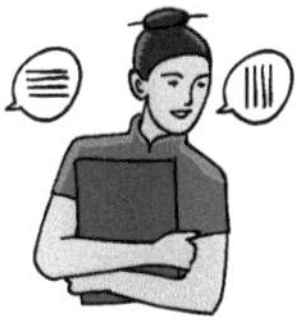

tradutor

çevirmen

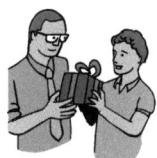

obrigado

Teşekkür ederim

quanto custa...?

bu ... ne kadar?

eu não entendo

anlamadım

problema

problem

boa noite!

İyi akşamlar!

Bom dia!

Günaydın!

Boa noite!

İyi geceler!

até logo

güle güle

direção

yön

bagagem

bagaj

bolsa

çanta

mochila

sırt çantası

convidado

misafir

quarto

oda

saco de dormir

uyku tulumu

barraca

çadır

informação turística

turist danışma

praia

sahil

cartão de crédito

kredi kartı

café da manhã

kahvaltı

almoço

öğle yemeği

jantar

akşam yemeği

bilhete

Bilet

elevador

asansör

selo

pul

fronteira

sınır

alfândega

gümrük

embaixada

elçilik

visto

vize

passaporte

pasaport

transporte

ulaşım

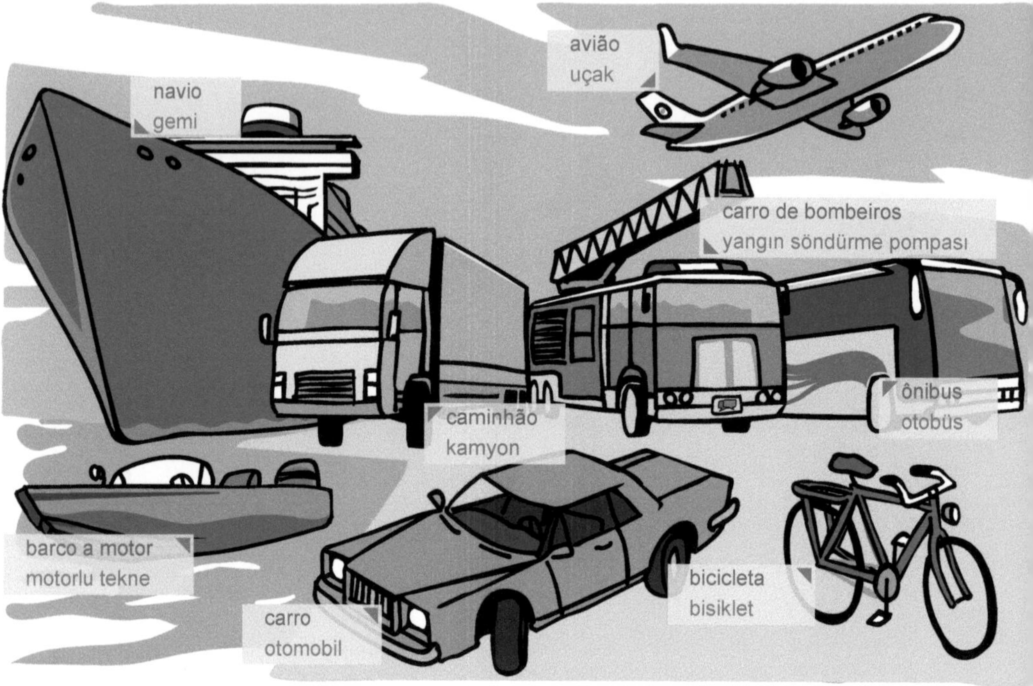

avião
uçak
navio
gemi
carro de bombeiros
yangın söndürme pompası
ônibus
otobüs
caminhão
kamyon
barco a motor
motorlu tekne
bicicleta
bisiklet
carro
otomobil

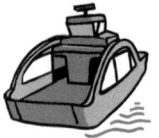

balsa

feribot

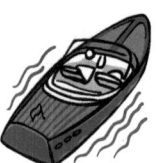

barco

bot

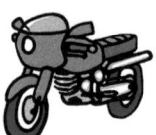

motocicleta

motosiklet

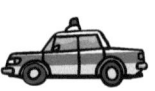

veículo policial

polis arabası

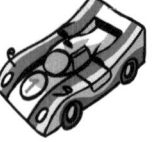

carro de corrida

yarış arabası

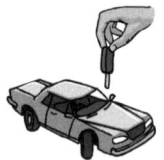

carro de aluguel

kiralık araba

compartilhamento de
automóvel

ortak araba

caminhão de reboque

çekici

caminhão de lixo

çöp kamyonu

motor

motor

combustível

yakıt

posto de gasolina

benzinlik

placa de trânsito

trafik işareti

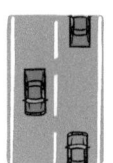

trânsito

trafik

trânsito lento

trafik sıkışıklığı

estacionamento

otopark

estação de trem

tren istasyonu

trilhos

ray

trem

tren

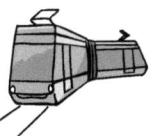

bonde

tramvay

vagão

vagon

helicóptero

helikopter

aeroporto

havaalanı

torre

kule

passageiro

yolcu

contêiner

konteyner

cartolina

koli

carroça

yük arabası

cesto

sepet

decolar / pousar

kalkış / iniş

cidade

şehir

vilarejo

köy

centro da cidade

şehir merkezi

casa

ev

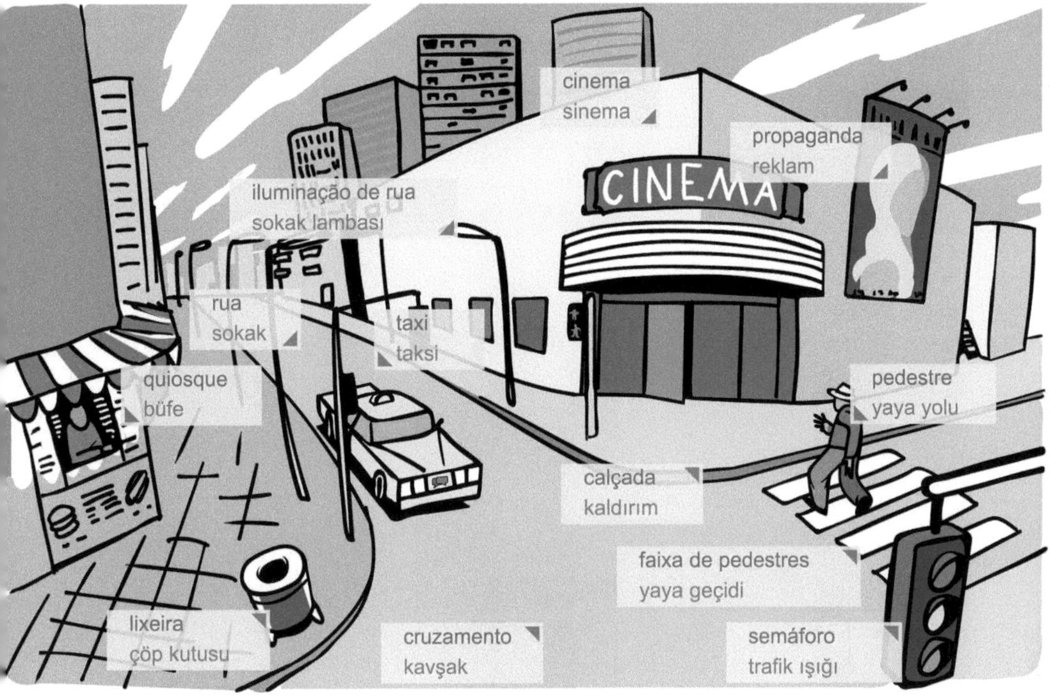

cinema
sinema

propaganda
reklam

iluminação de rua
sokak lambası

CINEMA

rua
sokak

taxi
taksi

pedestre
yaya yolu

quiosque
büfe

calçada
kaldırım

faixa de pedestres
yaya geçidi

lixeira
çöp kutusu

cruzamento
kavşak

semáforo
trafik ışığı

cabana
....
kulübe

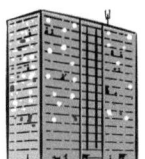

apartamento
....
apartman dairesi

estação de trem
....
tren istasyonu

prefeitura
....
belediye binası

museu
....
müze

escola
....
okul

cidade - şehir

universidade

üniversite

banco

banka

hospital

hastane

hotel

otel

farmácia

eczane

escritório

ofis

livraria

kitapçı

loja

mağaza

floricultura

çiçekçi

supermercado

süpermarket

mercado

market

loja de departamentos

büyük mağaza

peixaria

balık satıcısı

centro comercial

alışveriş merkezi

porto

liman

parque

park

banco

bank

ponte

köprü

escadas

merdiven

metrô

metro

túnel

tünel

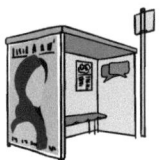

ponto de ônibus

otobüs durağı

bar

bar

restaurante

restoran

caixa de correspondência

posta kutusu

placa de rua

sokak tabelası

parquímetro

otopark sayacı

zoológico

hayvanat bahçesi

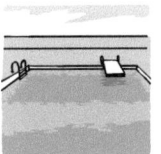

piscina

yüzme havuzu

mesquita

cami

fazenda
çiftlik

poluição
kirlilik

cemitério
mezarlık

igreja
kilise

parquinho
oyun alanı

templo
tapınak

paisagem
arazi

folha
yaprak

placa de sinalização
yön tabelası

caminho
yol

gramado
çayır

pedra
taş

árvore
ağaç

caminhantes
yürüyüşçü

rio
ırmak

grama
çimen

flor
çiçek

vale

vadi

montanha

tepe

lago

göl

floresta

orman

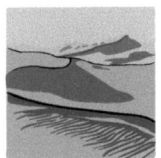

deserto

çöl

vulcão

volkan

castelo

kale

arco-íris

gökkuşağı

cogumelo

mantar

palmeira

palmiye

mosquito

sivrisinek

mosca

sinek

formiga

karınca

abelha

arı

aranha

örümcek

besouro

böcek

sapo

kurbağa

esquilo

sincap

ouriço

kirpi

lebre

yabani tavşan

coruja

baykuş

pássaro

kuş

cisne

kuğu

javali

yaban domuzu

veado

geyik

alce

geyik

barragem

baraj

aerogerador

rüzgar türbini

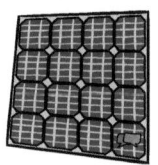

painel solar

güneş paneli

clima

iklim

restaurante
restoran

garçom
garson
menu
menü
cadeira
sandalye
sopa
çorba
pizza
pizza
talheres
çatal - bıçak
toalha de mesa
masa örtüsü

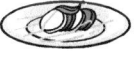

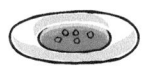

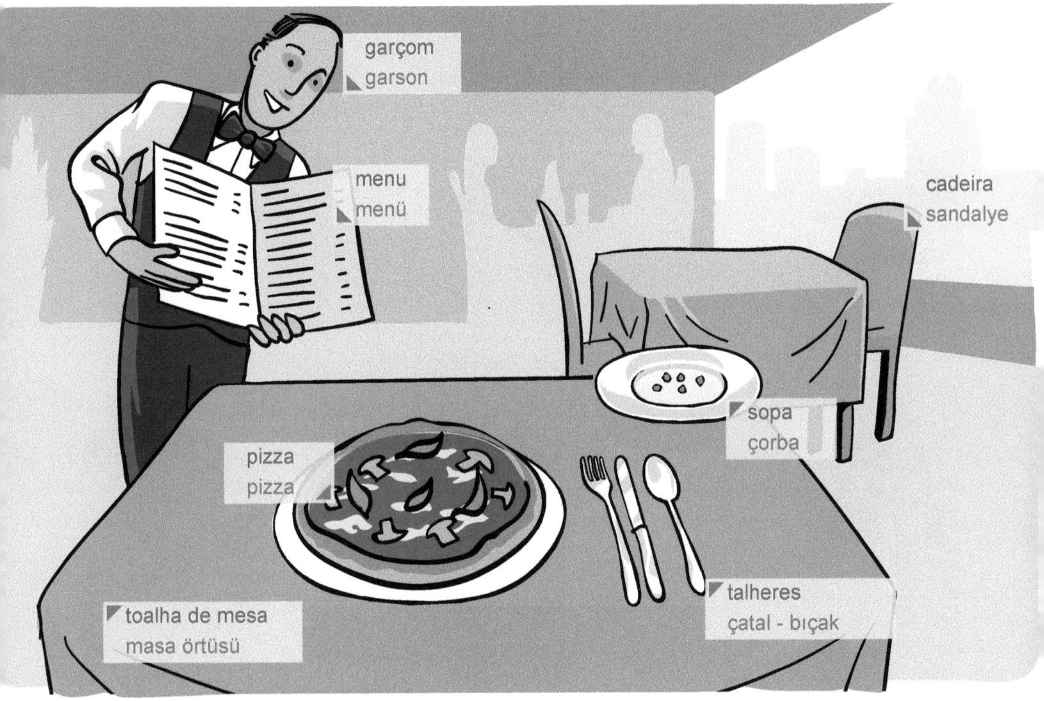

entrada

başlangıç

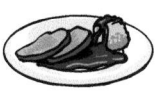

prato principal

ana yemek

sobremesa

tatlı

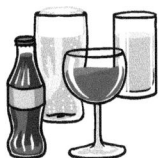

bebidas

içecekler

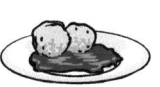

comida

yemek

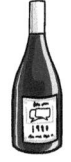

garrafa

şişe

fastfood

fastfood

comida de rua

sokak yemeği

bule de chá

çaydanlık

açucareiro

şekerlik

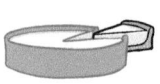

porção

porsiyon

máquina de expresso

espresso makinesi

cadeirão

mama sandalyesi

conta

fatura

bandeja

tepsi

faca

bıçak

garfo

çatal

colher

kaşık

colher de chá

çay kaşığı

guardanapo

servis peçetesi

copo

bardak

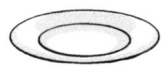

prato
tabak

prato de sopa
çorba kasesi

pires
fincan altlığı

molho
sos

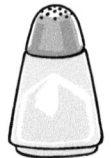

saleiro
tuzluk

moedor de pimenta
karabiber değirmeni

vinagre
sirke

óleo
yağ

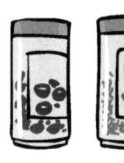

especiarias
baharat

ketchup
ketçap

mostarda
hardal

maionese
mayonez

supermercado
süpermarket

oferta especial
özel teklif
FOR
cliente
müşteri
laticínios
süt ürünleri
frutas
meyve
carrinho de compras
alışveriş arabası

BUTCHERS

açougue

kasap

BAKERY

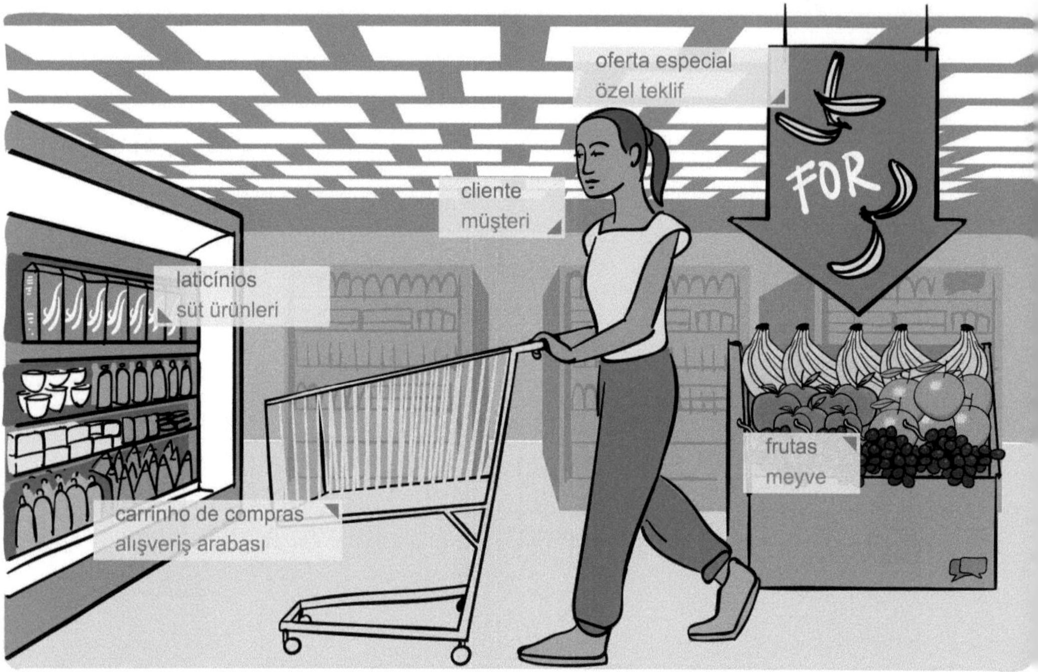

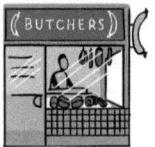

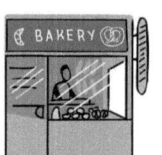

padaria

fırın

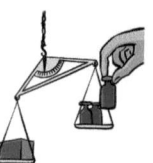

pesar

tartmak

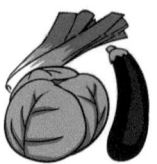

legumes

sebze

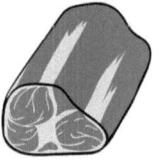

carne

et

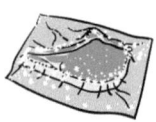

congelados

donmuş gıda

charcutaria

söğüş et

conservas

konserve yiyecek

detergente em pó

toz deterjan

doces

şekerlemeler

artigos domésticos

ev temizlik ürünleri

produtos de limpeza

temizlik ürünleri

vendedora

satış görevlisi

caixa

yazar kasa

caixa

kasiyer

lista de compras

alışveriş listesi

horário de funcionamento

açılış saatleri

carteira

cüzdan

cartão de crédito

kredi kartı

sacola

çanta

saco plástico

plastik poşet

água

su

suco

meyve suyu

leite

süt

coca-cola

kola

vinho

şarap

cerveja

bira

álcool

alkol

cacau

kakao

chá

çay

café

kahve

expresso

espresso

cappuccino

kapuçino

banana

muz

maçã

elma

laranja

portakal

melão

kavun

limão

limon

cenoura

havuç

alho

sarımsak

bambu

bambu

cebola

soğan

cogumelo

mantar

nozes

çerez

macarrão

makarna

espaguete

spagetti

arroz

pirinç

salada

salata

batatas fritas

cips

batatas frias

patates kızartması

pizza

pizza

hambúrger

hamburger

sanduíche

sandviç

escalope

şinitzel

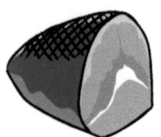

presunto

pastırma

salame

salam

salsicha

sosis

galinha

tavuk

assado

rosto

peixe

balık

flocos de aveia

yulaf ezmesi

granola

müsli

flocos de milho

mısır gevreği

farinha

un

croissant

kruvasan

pãozinho

küçük ekmek

pão

ekmek

torrada

tost

biscoitos

bisküvi

manteiga

tereyağı

requeijão

kaymak

bolo

kek

ovo

yumurta

ovo frito

sahanda yumurta

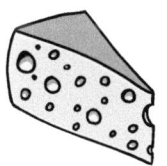

queijo

peynir

sorvete

dondurma

açúcar

şeker

mel

bal

geleia

reçel

creme de avelãs

fındık ezmesi

curry

köri

fazenda
çiftlik

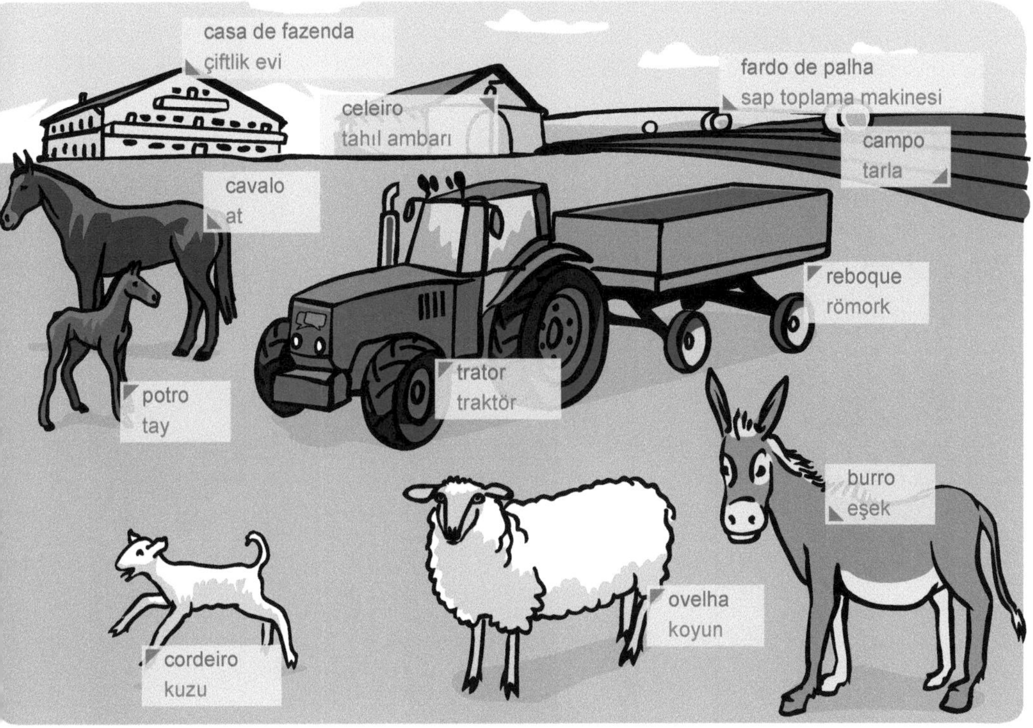
casa de fazenda
çiftlik evi
fardo de palha
sap toplama makinesi
celeiro
tahıl ambarı
campo
tarla
cavalo
at
reboque
römork
trator
traktör
potro
tay
burro
eşek
ovelha
koyun
cordeiro
kuzu

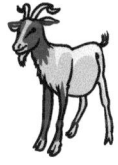

cabra
keçi

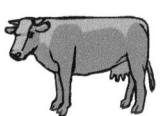

vaca
inek

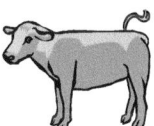

bezerro
buzağı

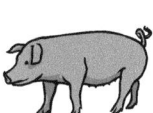

porco
domuz

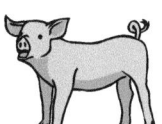

leitão
domuz yavrusu

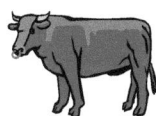

touro
boğa

ganso

kaz

pato

ördek

pintinho

civciv

galinha

tavuk

galo

horoz

ratazana

sıçan

gato

kedi

camundongo

fare

boi

öküz

cachorro

köpek

casinha do cachorro

köpek kulübesi

mangueira de jardim

bahçe hortumu

regador

sulama kabı

foice

tırpan

arado

pulluk

foice

orak

enxada

çapa

forquilha

dirgen

machado

balta

carrinho de mão

el arabası

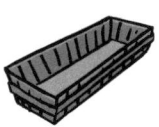

manjedoura

yemlik

jarra de leite

süt kovası

saco

çuval

cerca

çit

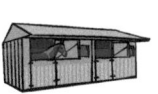

estábulo

ahır

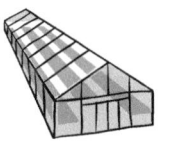

estufa

sera

solo

toprak

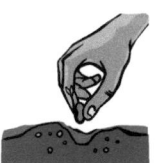

semente

tohum

fertilizante

gübre

colheitadeira

biçerdöver

colher

hasat etmek

colheita

harman

inhame

tatlı patates

trigo

buğday

soja

soya

batata

patates

milho

mısır

colza

kolza

árvore frutífera

meyve ağacı

mandioca

manyok

cereais

hububat

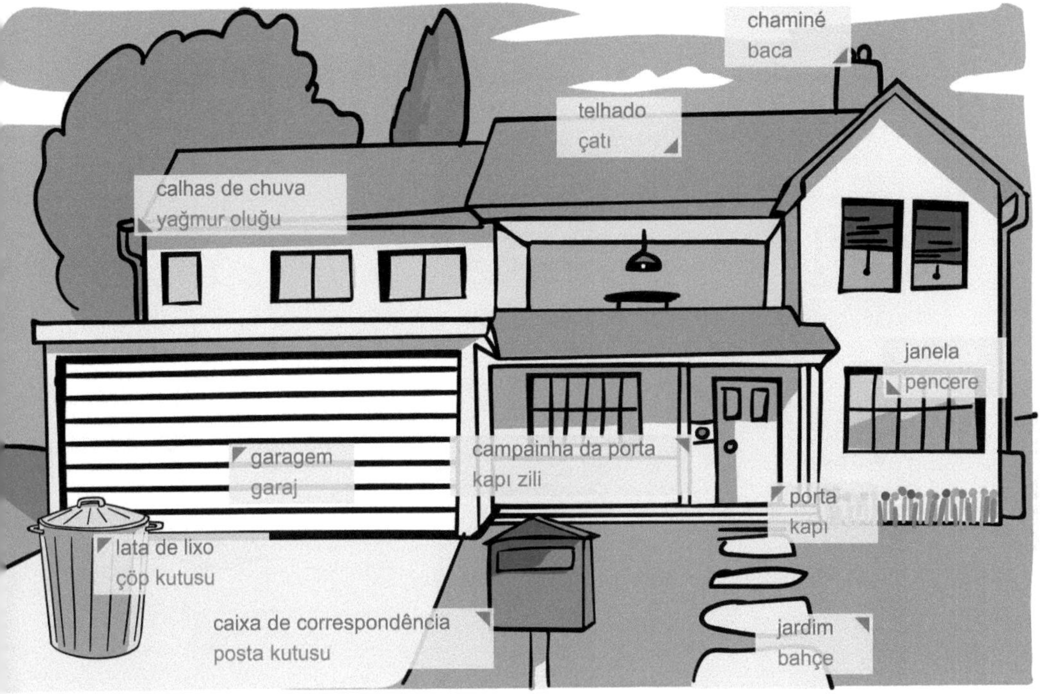

chaminé
baca

telhado
çatı

calhas de chuva
yağmur oluğu

janela
pencere

garagem
garaj

campainha da porta
kapı zili

porta
kapı

lata de lixo
çöp kutusu

caixa de correspondência
posta kutusu

jardim
bahçe

sala de estar

oturma odası

banheiro

banyo

cozinha

mutfak

quarto de dormir

yatak odası

quarto de criança

çocuk odası

sala de jantar

yemek odası

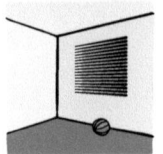

chão
zemin

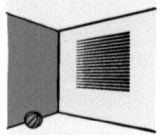

parede
duvar

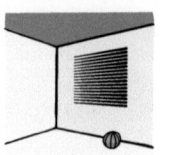

teto
tavan

porão
kiler

sauna
sauna

varanda
balkon

terraço
teras

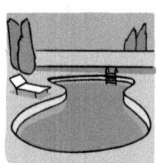

piscina
havuz

cortador de grama
çim biçme makinesi

lençol
çarşaf

coberta
yatak örtüsü

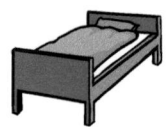

cama
yatak

vassoura
süpürge

balde
kova

interruptor
anahtar

sala de estar
oturma odası

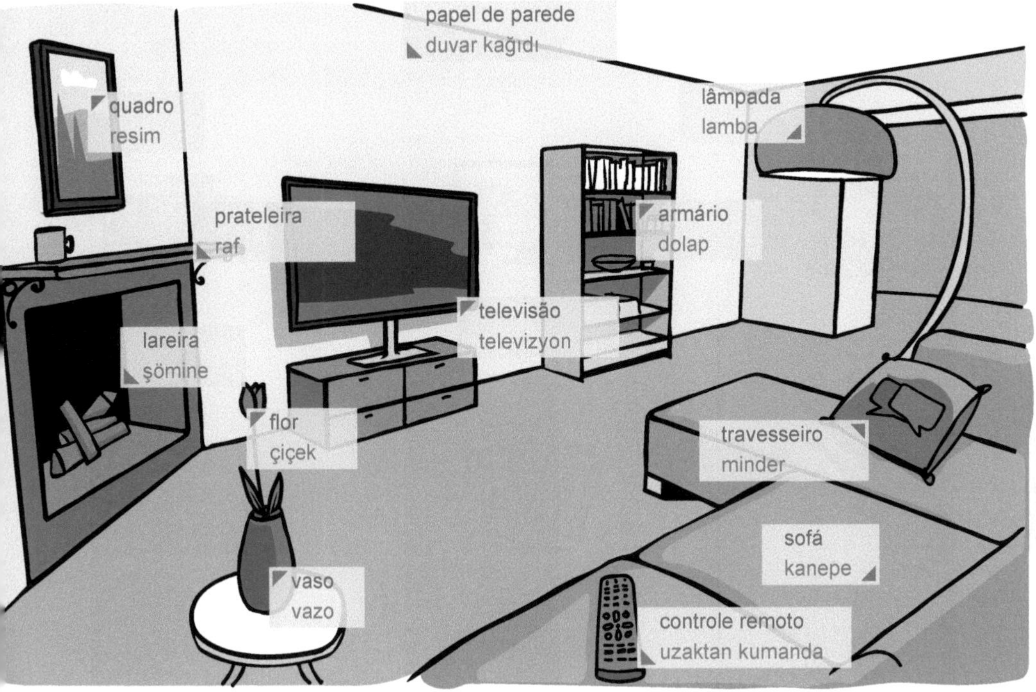

papel de parede
duvar kağıdı
quadro
resim
lâmpada
lamba
prateleira
raf
armário
dolap
televisão
televizyon
lareira
şömine
flor
çiçek
travesseiro
minder
sofá
kanepe
vaso
vazo
controle remoto
uzaktan kumanda

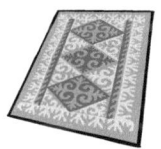

tapete
halı

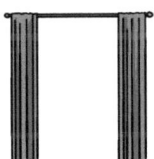

cortina
perde

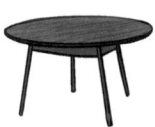

mesa
masa

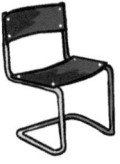

cadeira
sandalye

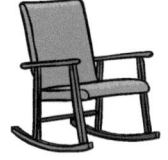

cadeira de balanço
salıncaklı koltuk

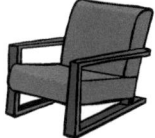

poltrona
koltuk

livro

kitap

cobertor

battaniye

decoração

dekor

lenha

odun

filme

film

equipamento de som

hi-fi

chave

anahtar

jornal

gazete

pintura

tablo

pôster

poster

rádio

radyo

bloco de notas

defter

aspirador

elektrikli süpürge

cacto

kaktüs

vela

mum

cozinha
mutfak

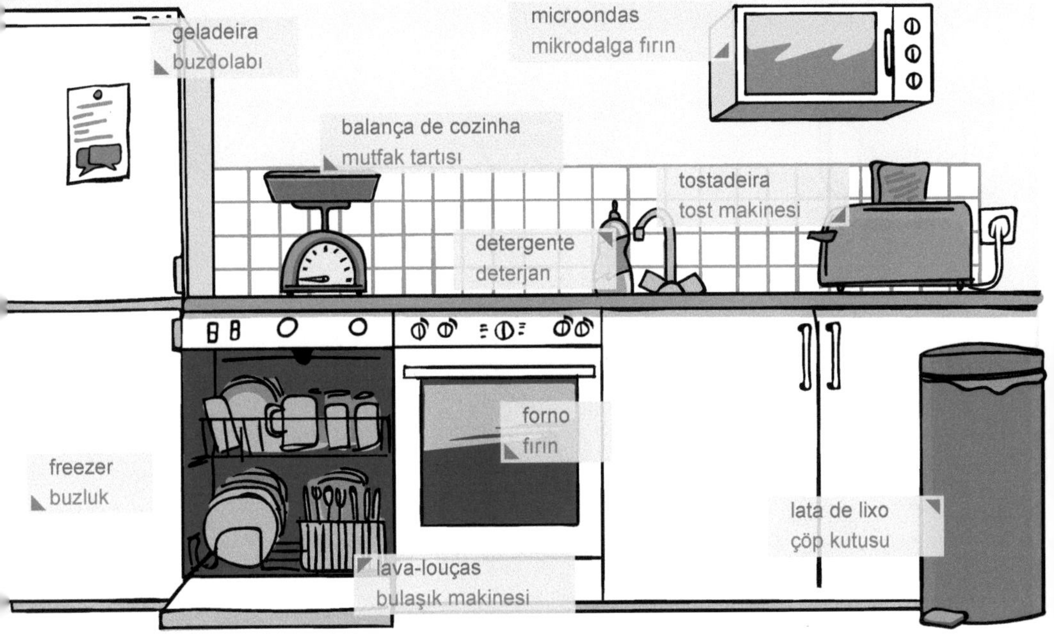
geladeira
buzdolabı
microondas
mikrodalga fırın
balança de cozinha
mutfak tartısı
tostadeira
tost makinesi
detergente
deterjan
forno
fırın
freezer
buzluk
lata de lixo
çöp kutusu
lava-louças
bulaşık makinesi

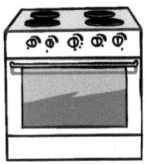

fogão

ocak

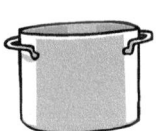

panela

tencere

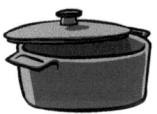

panela de ferro

döküm tencere

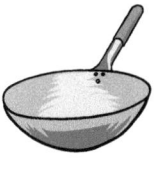

wok / kadai

wok

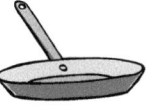

frigideira

tava

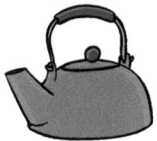

chaleira

su ısıtıcı

panela a vapor

buharlı pişirici

tabuleiro de forno

pişirme tepsisi

louça

tabak takımı

caneca

kupa

caçarola

kase

hashi

çubuk (çin yemeği)

concha de sopa

kepçe

espátula

spatula

batedor

çırpma teli

escorredor

süzgeç

peneira

elek

ralador

rende

almofariz

havan

churrasqueira

barbekü

lareira

açık ateş

tábua de cortar

kesme tahtası

rolo da massa

merdane

saca-rolhas

tirbüşon

lata

konserve kutusu

abridor de latas

konserve açacağı

pegador de panela

fırın eldiveni

pia

evye

escova

fırça

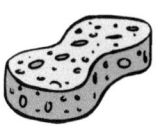

esponja

sünger

liquidificador

blender

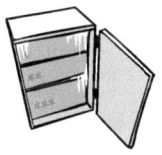

congelador

derin dondurucu

mamadeira

biberon

torneira

musluk

banheiro

banyo

aquecimento
ısıtma
toalha
havlu
ducha
duş
cortina de chuveiro
duş perdesi
banho de espuma
köpük banyosu
banheira
küvet
lava-roupa
çamaşır makinesi
azulejos
fayans
torneira
musluk
copo
bardak
penico
lazımlık
pia
evye

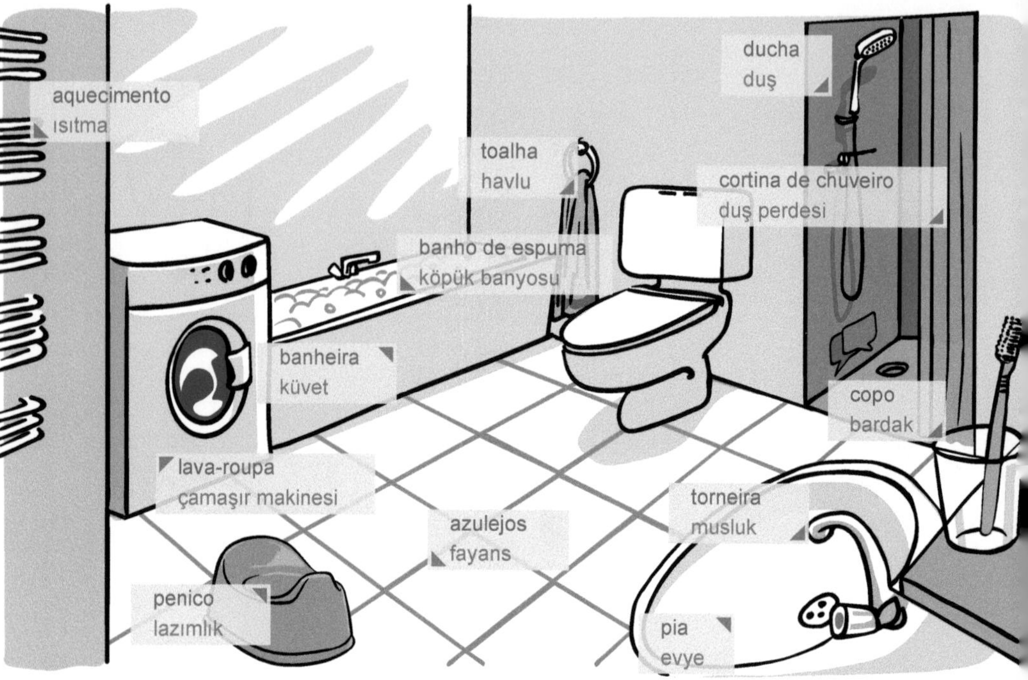

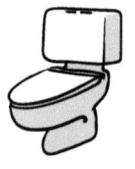

vaso sanitário

tuvalet

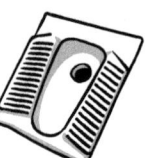

lavabo de agachar

alaturka tuvalet

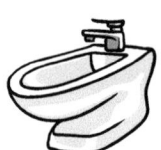

bidê

bide

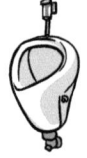

mictório

pisuvar

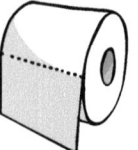

papel higiênico

tuvalet kağıdı

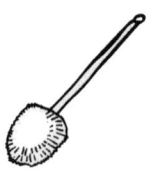

escova de privada

tuvalet fırçası

escova de dentes

diş fırçası

pasta de dentes

diş macunu

fio dental

diş ipi

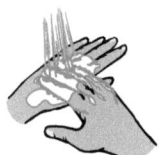

lavar

yıkamak

ducha de mão

duş başlığı

ducha íntima

duş başlığı şeklinde taharet musluğu

bacia

küvet

escova para as costas

banyo fırçası

sabonete

sabun

gel de banho

duş jeli

xampu

şampuan

toalha de rosto

banyo lifi

escoamento

gider

creme

krem

desodorante

deodorant

espelho

ayna

espelho de mão

el aynası

barbeador

jilet

espuma de barbear

tıraş köpüğü

loção pós-barba

tıraş losyonu

pente

tarak

escova

fırça

secador de cabelo

saç kurutma makinesi

spray de cabelo

saç spreyi

maquiagem

makyaj

batom

ruj

esmalte de unhas

tırnak cilası

algodão

pamuk

tesoura para unhas

tırnak makası

perfume

parfüm

nécessaire

makyaj çantası

banquinho

tabure

balança

tartı

roupão de banho

bornoz

luvas de borracha

lastik eldiven

absorvente interno

tampon

absorvente íntimo

kadın pedi

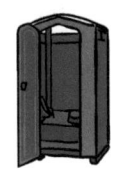

banheiro químico

kimyevi tuvalet

quarto de criança
çocuk odası

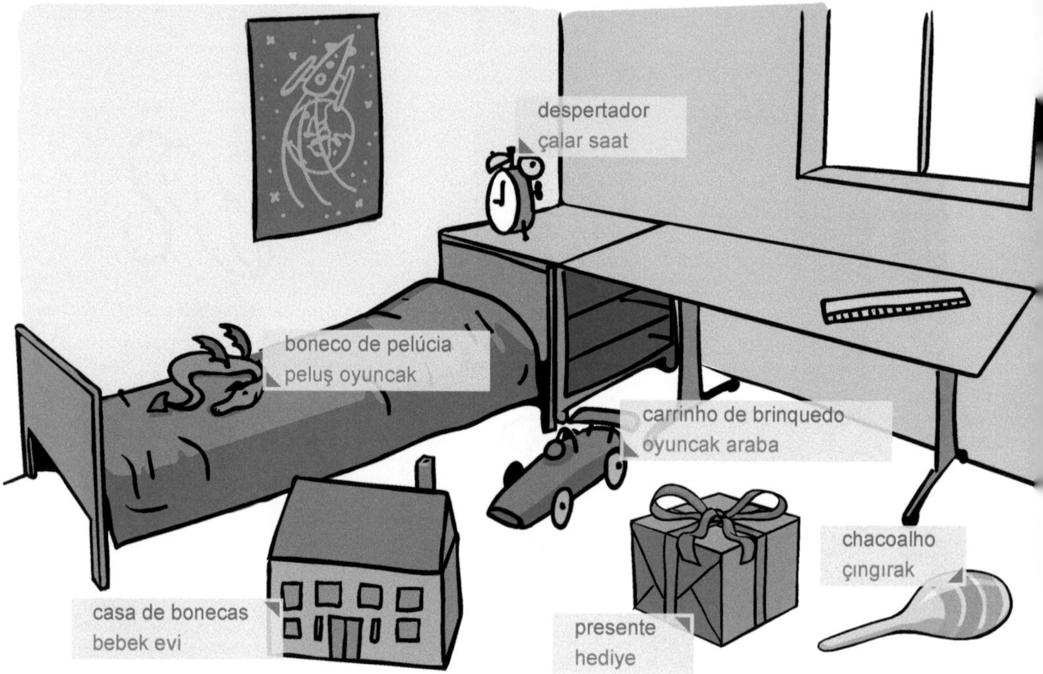

despertador
çalar saat
boneco de pelúcia
peluş oyuncak
carrinho de brinquedo
oyuncak araba
chacoalho
çıngırak
casa de bonecas
bebek evi
presente
hediye

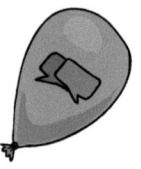

balão
balon

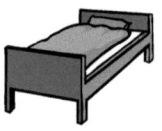

cama
yatak

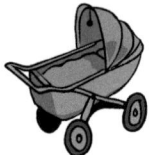

carrinho de bebê
bebek arabası

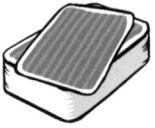

jogo de cartas
kart destesi

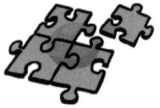

quebra-cabeças
yapboz

SUPER
MEGA

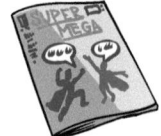

revista de quadrinhos
çizgi roman

peças de Lego
lego tuğlaları

blocos de construção
lego blokları

figura de ação
aksiyon figürü

macaquinho de bebê
zıbın

frisbee
frizbi

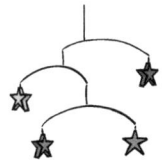

móbile para bebé
dönence

jogo de tabuleiro
masa oyunu

dados
zar

trenzinho elétrico
model tren seti

chupeta
emzik

festa
parti

livro ilustrado
resimli kitap

bola
top

boneca
oyuncak bebek

brincar
oynamak

caixa de areia
kum havuzu

balanço
salıncak

brinquedos
oyuncaklar

videogame
video oyun konsolu

triciclo
üç tekerlekli bisiklet

ursinho de pelúcia
oyuncak ayı

guarda-roupa
gardırop

vestuário
kıyafet

meias
çorap

meias pelo joelho
külotlu çorap

meias-calças
tayt

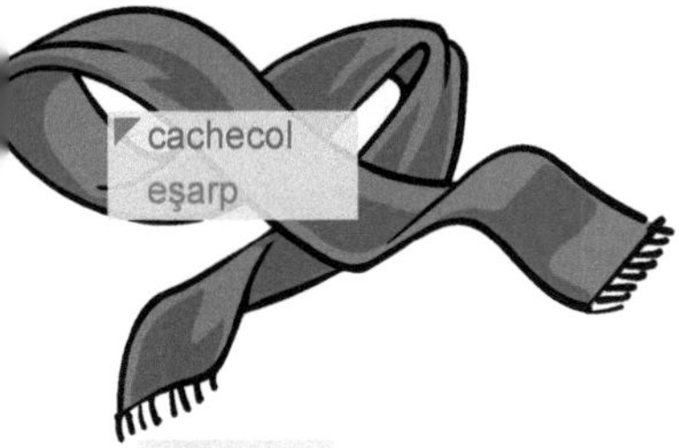

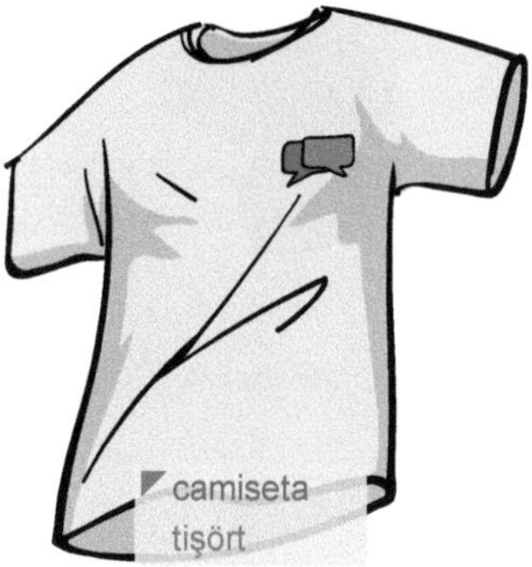

cachecol
eşarp

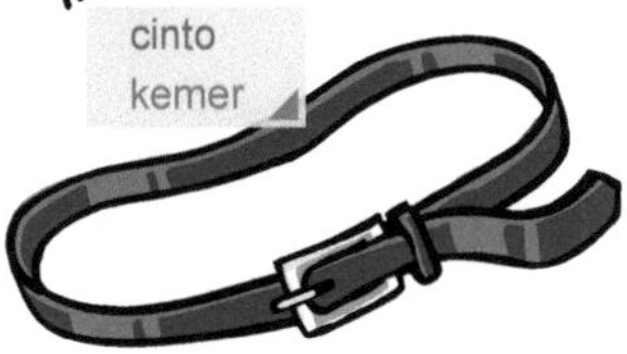

guarda-chuva
şemsiye

cinto
kemer

camiseta
tişört

tênis
spor ayakkabı

botas
bot

chinelos
terlik

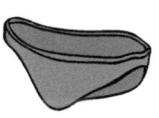

sandálias
sandalet

sapatos
ayakkabı

botas de borracha
lastik çizme

roupa de baixo
külot

sutiã
sütyen

camiseta de baixo
yelek

body

dar bluz

calças

pantolon

jeans

kot pantolon

saia

etek

blusa

bluz

camisa

gömlek

pulôver

kazak

suéter com capuz

süveter

blazer

blazer

jaqueta

ceket

casaco

mont

gabardine

yağmurluk

traje

kostüm

vestido

elbise

vestido de casamento

gelinlik

terno

takım elbise

camisola

gecelik

pijama

pijama

sari

sari

lenço de cabeça

baş örtüsü

turbante

türban

burca

burka

cafetã

kaftan

abaya

çarşaf

maiô

mayo

sunga

erkek mayosu

shorts

şort

roupa de treino

eşofman

avental

önlük

luvas

eldiven

botão

düğme

óculos

gözlük

pulseira

bilezik

colar

kolye

anel

yüzük

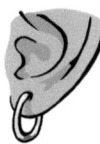

brinco

küpe

boné

kep

cabide

portmanto

chapéu

şapka

gravata

kravat

zíper

fermuar

capacete

kask

suspensórios

pantolon askısı

uniforme escolar

okul forması

uniforme

üniforma

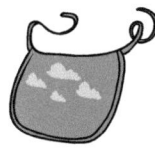

babador
mama önlüğü

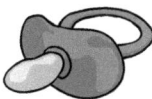

chupeta
emzik

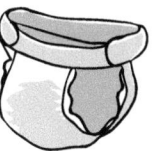

fralda
bebek bezi

escritório
ofis

servidor
sunucu
armário de arquivos
dosya dolabı
impressora
yazıcı
papel
kağıt
monitor
monitör
mouse
fare
escrivaninha
masa
pasta
klasör
teclado
klavye
cesto de lixo
kağıt çöp kutusu
computador
bilgisayar
cadeira
sandalye

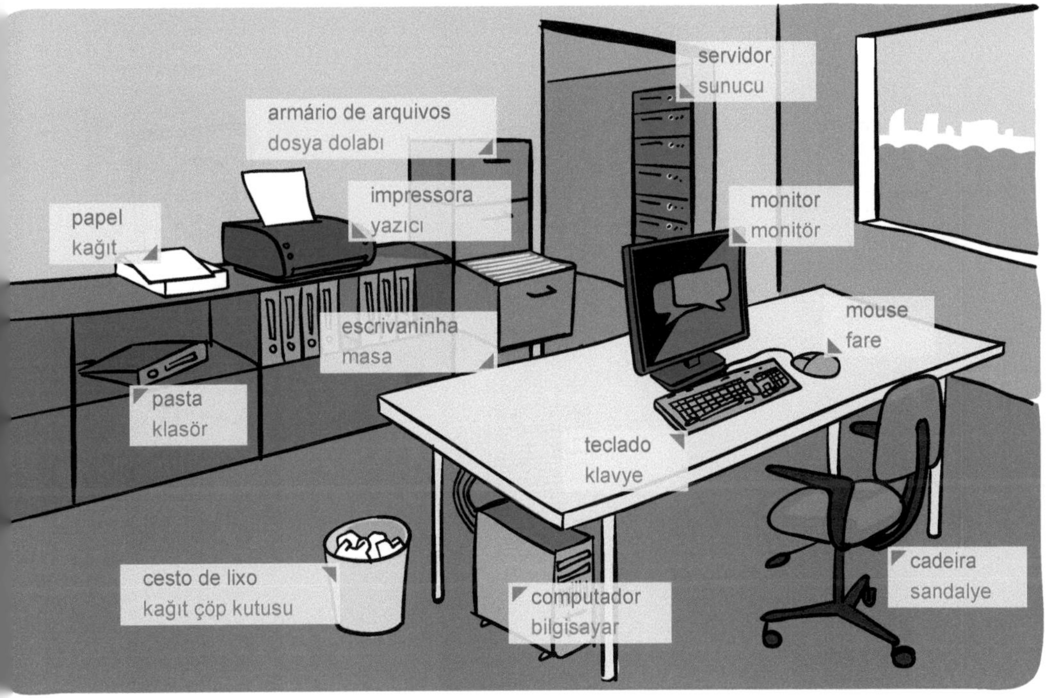

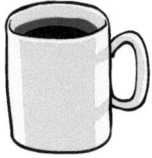

xícara de café
kahve fincanı

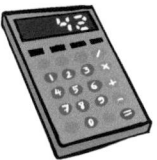

calculadora
hesap makinesi

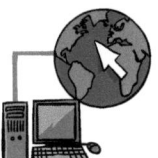

internet
internet

laptop

dizüstü

carta

mektup

mensagem

mesaj

celular

cep telefonu

rede

ağ

copiadora

fotokopi makinesi

software

yazılım

telefone

telefon

tomada

priz

fax

faks makinesi

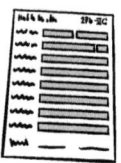

formulário

form

documento

belge

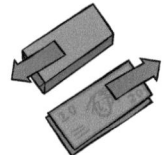

comprar

satın almak

pagar

ödemek

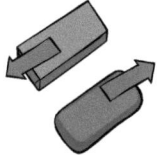

negociar

ticaret yapmak

dinheiro

para

Dólar

dolar

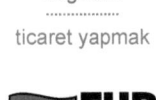

Euro

avro

Yen

yen

rublo

ruble

franco suíço

İsviçre frangı

renminbi yuan

Çin yuanı

rupia

rupi

caixa eletrônico

kasa

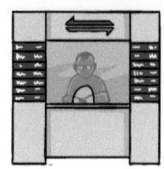

casa de câmbio

döviz bürosu

ouro

altın

prata

gümüş

petróleo

petrol

energia

enerji

preço

fiyat

contrato

kontrat

imposto

vergi

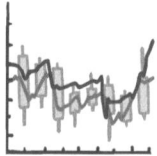

ação

menkul değer

trabalhar

çalışmak

empregado

işveren

empregador

işçi

fábrica

fabrika

loja

mağaza

economia - ekonomi

profissões
meslekler

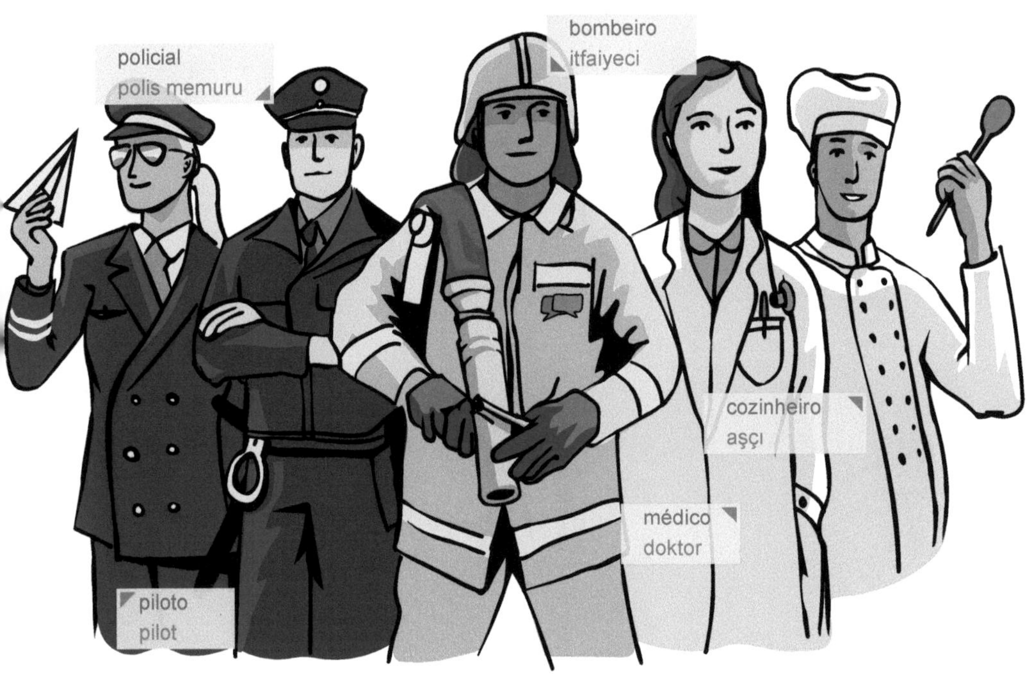

policial
polis memuru
bombeiro
itfaiyeci
cozinheiro
aşçı
médico
doktor
piloto
pilot

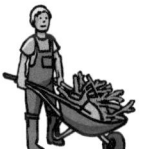

jardineiro

bahçıvan

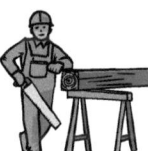

marceneiro

marangoz

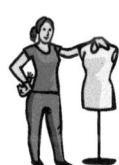

costureira

terzi

juiz

hakim

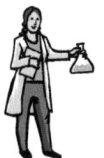

químico

kimyager

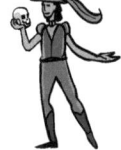

ator

aktör

motorista de ônibus

otobüs şoförü

motorista de táxi

taksi şoförü

pescador

balıkçı

faxineira

temizlikçi

telhador

çatı ustası

garçom

garson

caçador

avcı

pintor

boyacı

padeiro

fırıncı

eletricista

elektrikçi

construtor

inşaatçı

engenheiro

mühendis

açougueiro

kasap

encanador

muslukçu

carteiro

postacı

soldado

asker

arquiteto

mimar

caixa

kasiyer

florista

çiçekçi

cabelereiro

kuaför

condutor

kondüktör

mecânico

tamirci

capitão

kaptan

dentista

dişçi

cientista

bilim insanı

rabino

haham

imam

imam

monge

keşiş

pastor

rahip

ferramentas
aletler

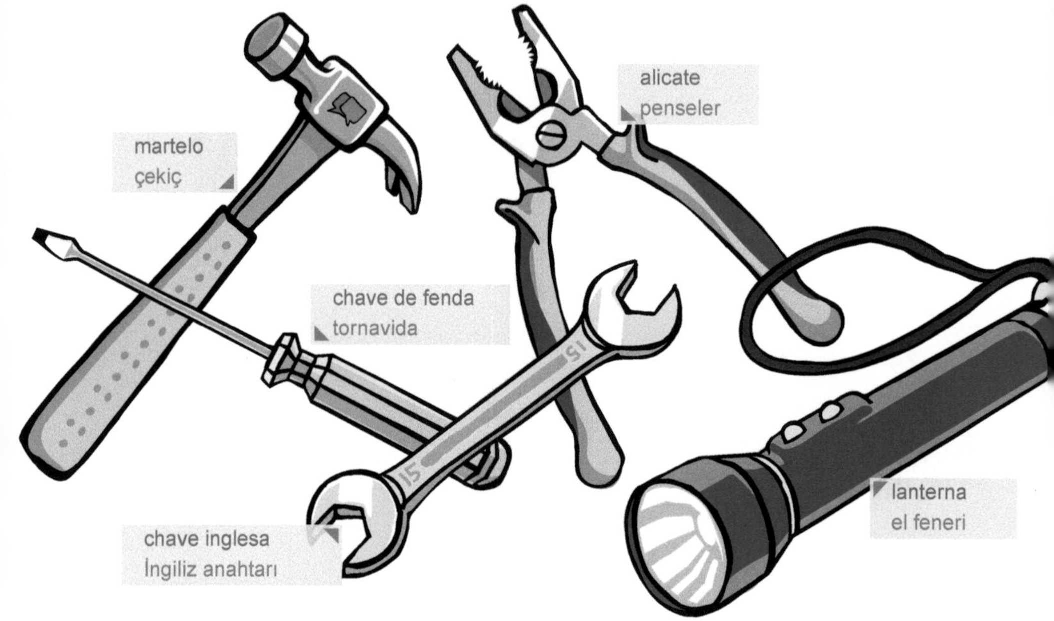

martelo
çekiç

alicate
penseler

chave de fenda
tornavida

chave inglesa
İngiliz anahtarı

lanterna
el feneri

escavadora
kazı makinesi

caixa de ferramentas
alet çantası

escada de mão
merdiven

serra
testere

pregos
çiviler

furadeira
matkap

consertar
tamir etmek

pá
kürek

Droga!
Kahretsin!

pá de lixo
faraş

pote de tinta
boya tenekesi

parafusos
vidalar

instrumentos musicais
müzik enstrümanı

bateria
bateri seti

alto-falante
hoparlör

guitarra
gitar

contrabaixo
kontrbas

trompete
trompet

piano

piyano

violino

keman

baixo

basgitar

timbales

timpani

tambor

bateri

teclado

klavye

saxofone

saksafon

flauta

flüt

microfone

mikrofon

zoológico
hayvanat bahçesi

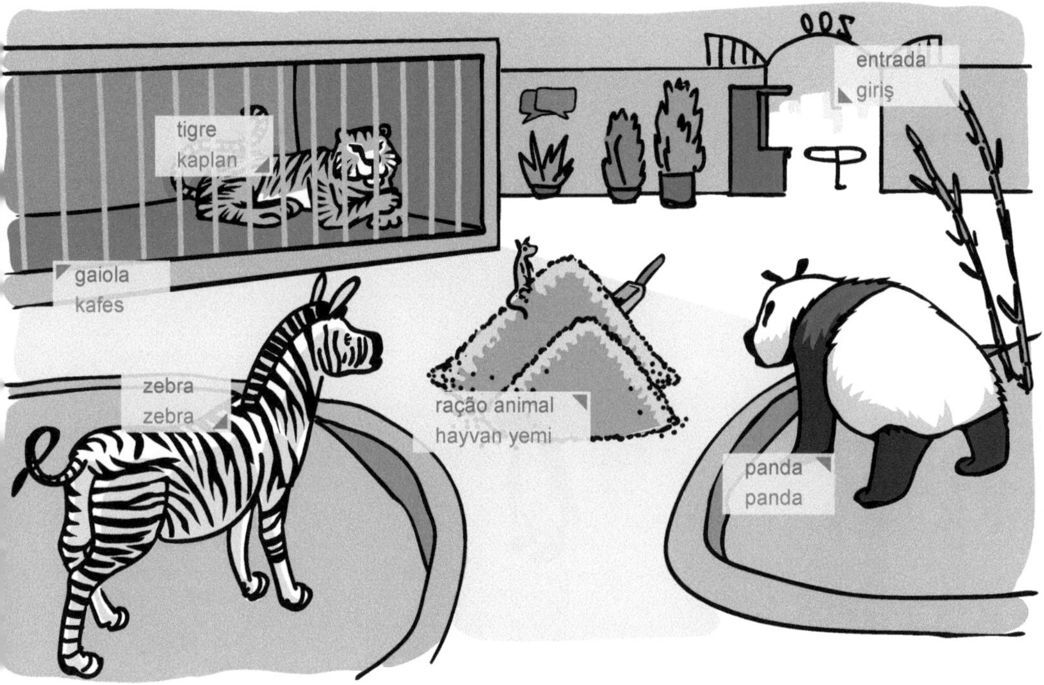

entrada
giriş
tigre
kaplan
gaiola
kafes
zebra
zebra
ração animal
hayvan yemi
panda
panda

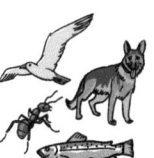

animais

hayvanlar

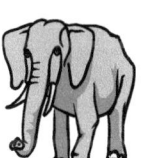

elefante

fil

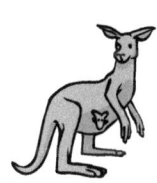

canguru

kanguru

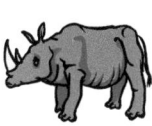

rinoceronte

gergedan

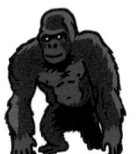

gorila

goril

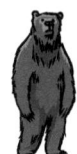

urso

ayı

camelo

deve

avestruz

deve kuşu

leão

aslan

macaco

maymun

flamingo

flamingo

papagaio

papağan

urso polar

kutup ayısı

pinguim

penguen

tubarão

köpek balığı

pavão

tavus kuşu

cobra

yılan

crocodilo

timsah

guarda do zoológico

hayvanat bahçesi görevlisi

foca

fok

jaguar

jaguar

pônei
midilli atı

leopardo
leopar

hipopótamo
su aygırı

girafa
zürafa

águia
kartal

javali
yaban domuzu

peixe
balık

tartaruga
kaplumbağa

morsa
mors

raposa
tilki

gazela
ceylan

futebol americano
amerikan futbolu

ciclismo
bisiklete binme

tênis
tenis

basquete
basketbol

natação
yüzme

boxe
boks

hóquei no gelo
buz hokeyi

futebol
futbol

badminton
badminton

atletismo
atletizm

handebol
hentbol

esqui
kayak

polo
polo

atividades
etkinlikler

pular
atlamak
abraçar
sarılmak
rir
gülmek
andar
yürümek
cantar
söylemek
sonhar
hayal etmek
rezar
dua etmek
beijar
öpmek

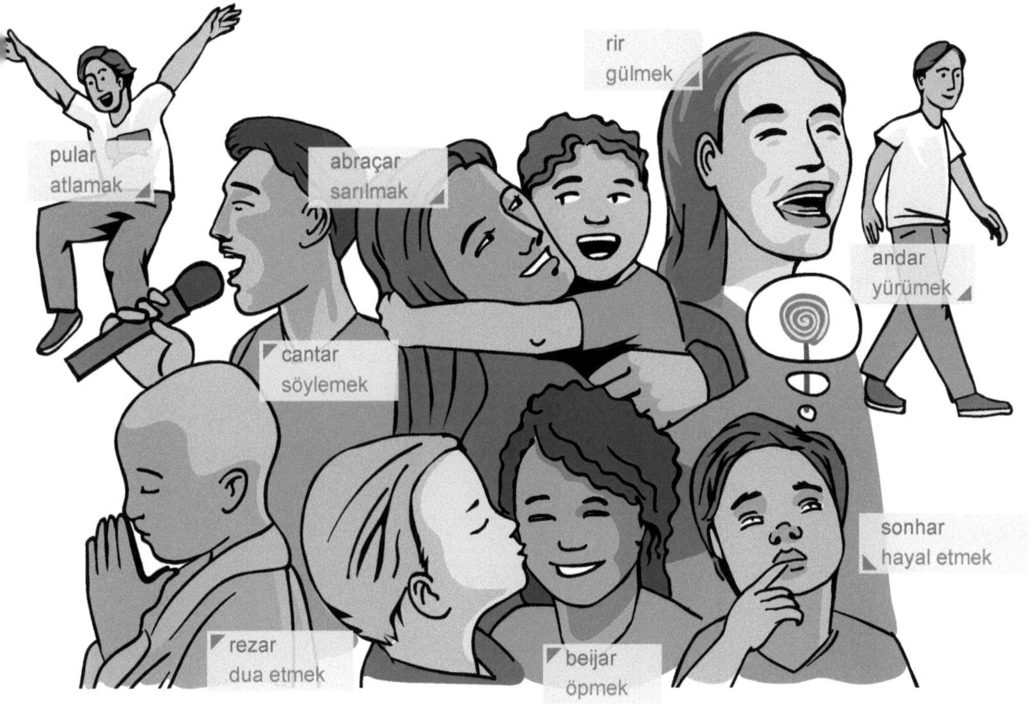

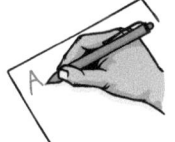

escrever
yazmak

desenhar
çizmek

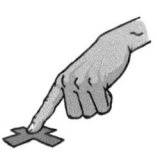

mostrar
göstermek

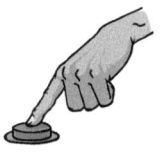

empurrar
itmek

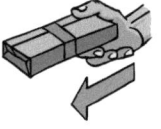

dar
vermek

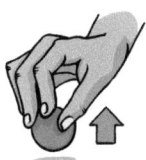

tomar
almak

ter
sahip olmak

fazer
yapmak

ser
olmak

ficar de pé
ayakta durmak

correr
koşmak

puxar
çekmek

jogar
atmak

cair
düşmek

deitar
yalan söylemek

esperar
beklemek

carregar
taşımak

sentar
oturmak

vestir
giyinmek

dormir
uyumak

despertar
uyanmak

olhar para

bakmak

chorar

ağlamak

acariciar

vurmak

pentear

taramak

falar

konuşmak

entender

anlamak

perguntar

sormak

ouvir

dinlemek

beber

içmek

comer

yemek

arrumar

düzenlemek

amar

sevmek

cozinhar

pişirmek

dirigir

sürmek

voar

uçmak

velejar

denize açılmak

calcular

hesapla

ler

okumak

aprender

öğrenmek

trabalhar

çalışmak

casar

evlenmek

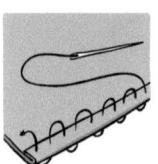

costurar

dikmek

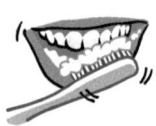

escovar os dentes

diş fırçalamak

matar

öldürmek

fumar

sigara içmek

enviar

yollamak

família
aile

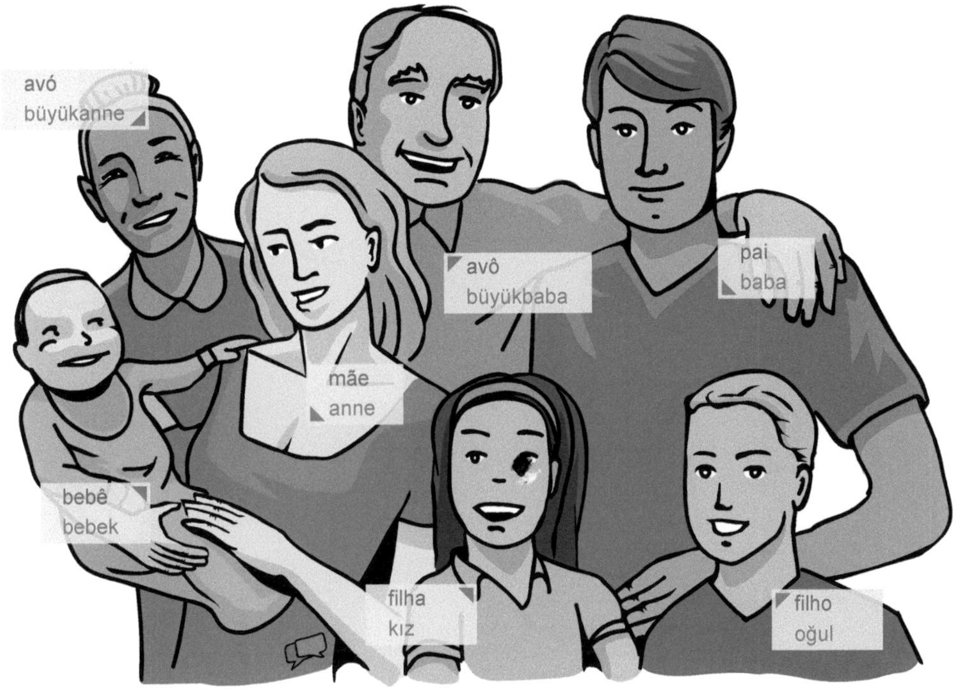
avó
büyükanne
avô
büyükbaba
pai
baba
mãe
anne
bebê
bebek
filha
kız
filho
oğul

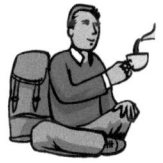

convidado
misafir

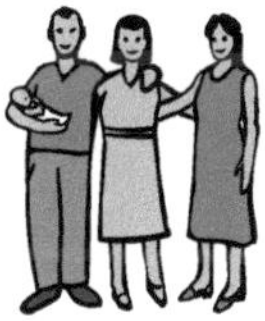
tia
teyze

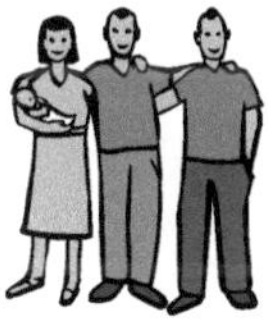
tio
amca

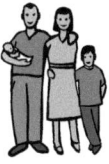

irmão
erkek kardeş

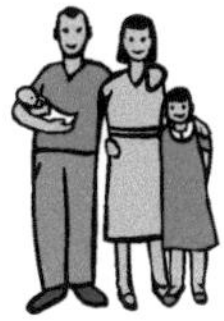
irmã
kız kardeş

corpo

vücut

testa
alın
olho
göz
ombro
omuz
dedo
parmak
rosto
yüz
queixo
çene
mão
el
peito
göğüs
perna
bacak
braço
kol

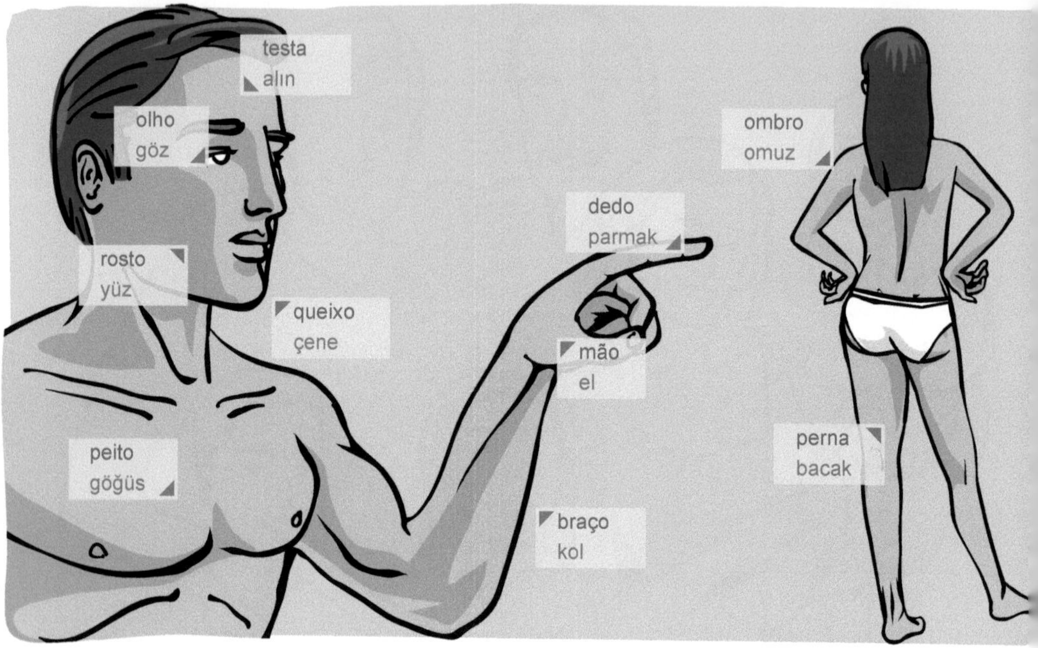

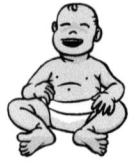

bebê

bebek

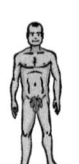

homem

adam

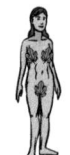

mulher

kadın

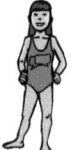

menina

kız

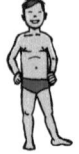

menino

erkek çocuk

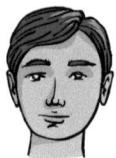

cabeça

baş

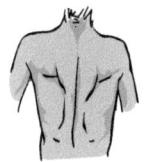

costas

sırt

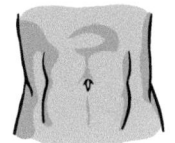

barriga

karın

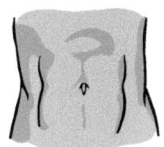

umbigo

göbek

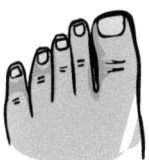

dedo do pé

ayak parmağı

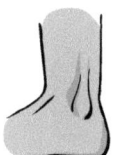

calcanhar

topuk

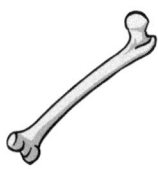

osso

kemik

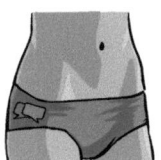

anca

kalça

joelho

diz

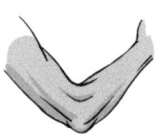

cotovelo

dirsek

nariz

burun

nádegas

kalça

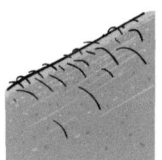

pele

deri

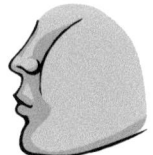

bochecha

yanak

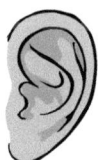

orelha

kulak

lábio

dudak

boca

ağız

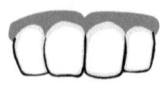

dente

diş

língua

dil

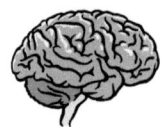

cérebro

beyin

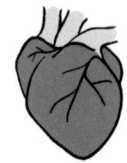

coração

kalp

músculo

kas

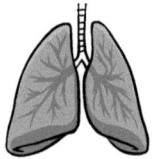

pulmão

akciğer

fígado

karaciğer

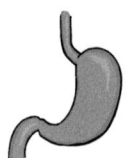

estômago

mide

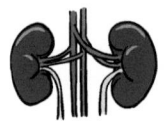

rins

böbrekler

relações sexuais

seks

preservativo

prezervatif

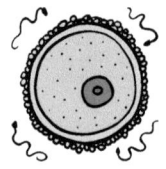

óvulo

yumurtalık

esperma

sperm

gravidez

hamilelik

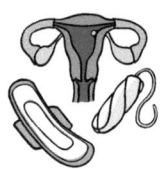

menstruação

regl

vagina

vajina

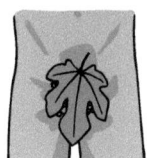

pênis

penis

sobrancelha

kaş

cabelo

saç

pescoço

boyun

hospital
hastane

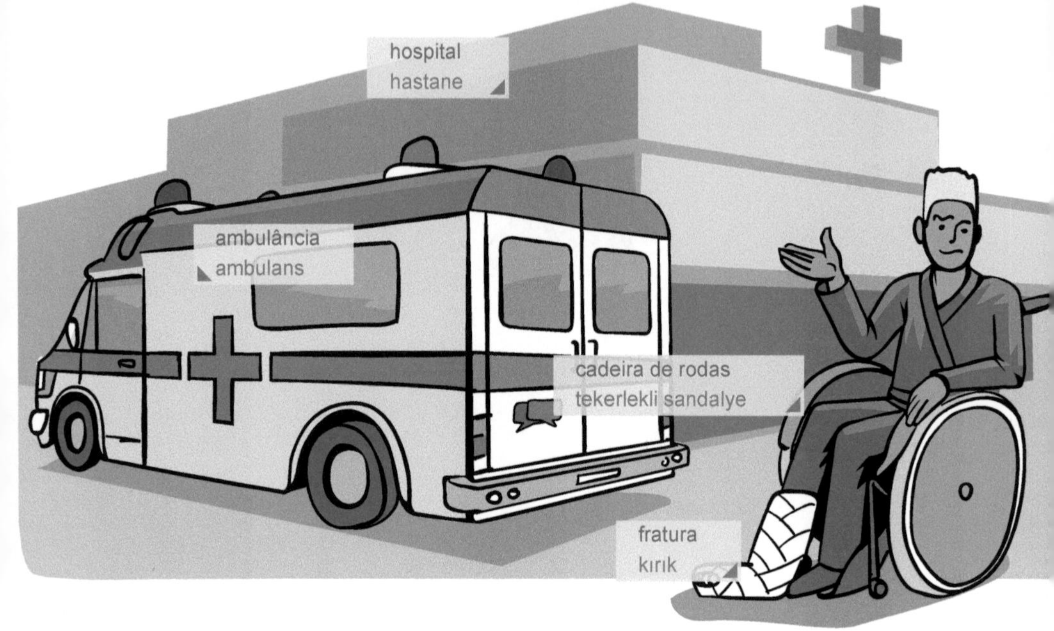

hospital
hastane
ambulância
ambulans
cadeira de rodas
tekerlekli sandalye
fratura
kırık

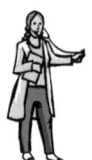

médico

doktor

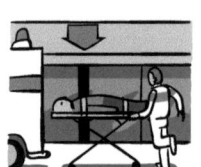

pronto-socorro

acil servis

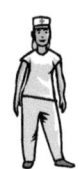

enfermeira

hemşire

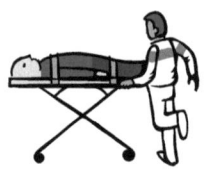

emergência

acil

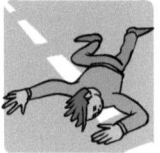

inconsciente

baygın

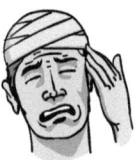

dor

acı

ferimento

yaralanma

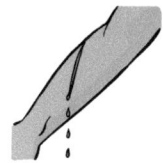

hemorragia

kanama

ataque cardíaco

kalp krizi

acidente vacular cerebral

felç

alergia

alerji

tosse

öksürük

febre

ateş

gripe

grip

diarreia

ishal

dor de cabeça

baş ağrısı

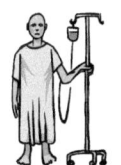

câncer

kanser

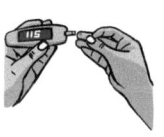

diabetes

şeker hastalığı

cirurgião

cerrah

bisturi

neşter

operação

operasyon

CT
bilgisayarlı tomografi

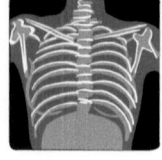

raio x
röntgen

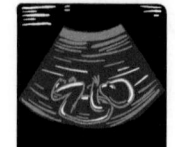

ultrassom
ultrason

máscara
yüz maskesi

doença
hastalık

sala de espera
bekleme odası

muleta
koltuk değneği

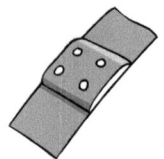

bandeide
yara bandı

ligadura
bandaj

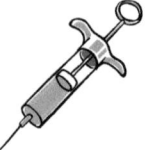

injeção
enjeksiyon

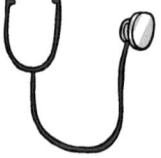

estetoscópio
steteskop

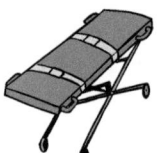

maca
sedye

termômetro
tıbbi termometre

nascimento
doğum

excesso de peso
fazla kilo

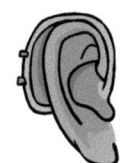

aparelho auditivo

işitme cihazı

desinfetante

dezenfektan

infecção

enfeksiyon

vírus

virüs

HIV / AIDS

HIV / AIDS

medicamento

ilaç

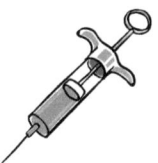

vacinação

aşı

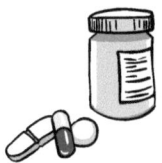

comprimidos

tablet

pílula

hap

chamada de emergência

acil çağrı

dispositivo de medição de pressão arterial

tansiyon aleti

doente / saudável

hasta / sağlıklı

Socorro!

İmdat!

alarme

alarm

assalto

darp

ataque

saldırı

perigo

tehlike

saída de emergência

acil çıkış

Fogo!

Yangın!

extintor de incêndios

yangın tüpü

acidente

kaza

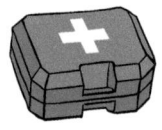

maleta de primeiros
socorros

ilk yardım çantası

SOS

imdat

polícia

polis

Europa

Avrupa

América do Norte

Kuzey Amerika

América do Sul

Güney amerika

África

Afrika

Ásia

Asya

Austrália

Avustralya

Atlântico

Atlantik

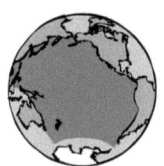

Pacífico

Pasifik

Oceano Índico

Hint Okyanusu

Oceano Antártico

Antarktika Okyanusu

Oceano Ártico

Arktik Okyanusu

Polo Norte

Kuzey Kutbu

Polo Sul

Güney Kutbu

Antártica

Antarktika

Terra

dünya

terra

kara

mar

deniz

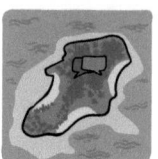

ilha

ada

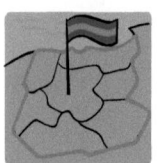

nação

ulus

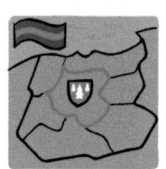

estado

ülke

mostrador do relógio

kadran

ponteiro das horas

akrep

ponteiro dos minutos

yelkovan

ponteiro dos segundos

saniye ibresi

Que horas são?

Saat kaç?

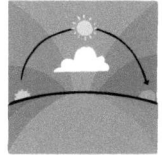

dia

gün

tempo

zaman

agora

şimdi

relógio digital

dijital saat

minuto

dakika

hora

saat

semana
hafta

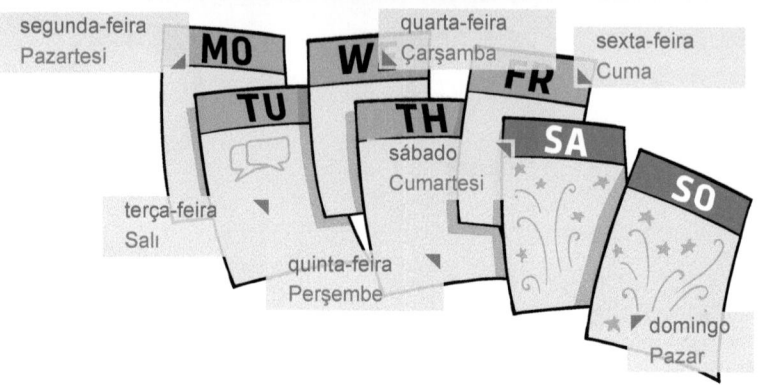

segunda-feira
Pazartesi

quarta-feira
Çarşamba

sexta-feira
Cuma

terça-feira
Salı

sábado
Cumartesi

quinta-feira
Perşembe

domingo
Pazar

ontem

dün

hoje

bugün

amanhã

yarın

manhã

sabah

meio-dia

öğle

entardecer

akşam

MO	TU	WE	TH	FR	SA	SU
1	2	3	4	5	6	7
8	9	10	11	12	13	14
15	16	17	18	19	20	21
22	23	24	25	26	27	28
29	30	31	1	2	3	4

dias úteis

iş günleri

MO	TU	WE	TH	FR	SA	SU
1	2	3	4	5	6	7
8	9	10	11	12	13	14
15	16	17	18	19	20	21
22	23	24	25	26	27	28
29	30	31	1	2	3	4

fim de semana

hafta sonu

ano
yıl

chuva
yağmur
arco-íris
gökkuşağı
vento
rüzgar
neve
kara
primavera
bahar
verão
yaz
outono
sonbahar
inverno
kış

4.APRIL 11°
5.APRIL 4°
6.APRIL 13°
7.APRIL 8°
8.APRIL 10°

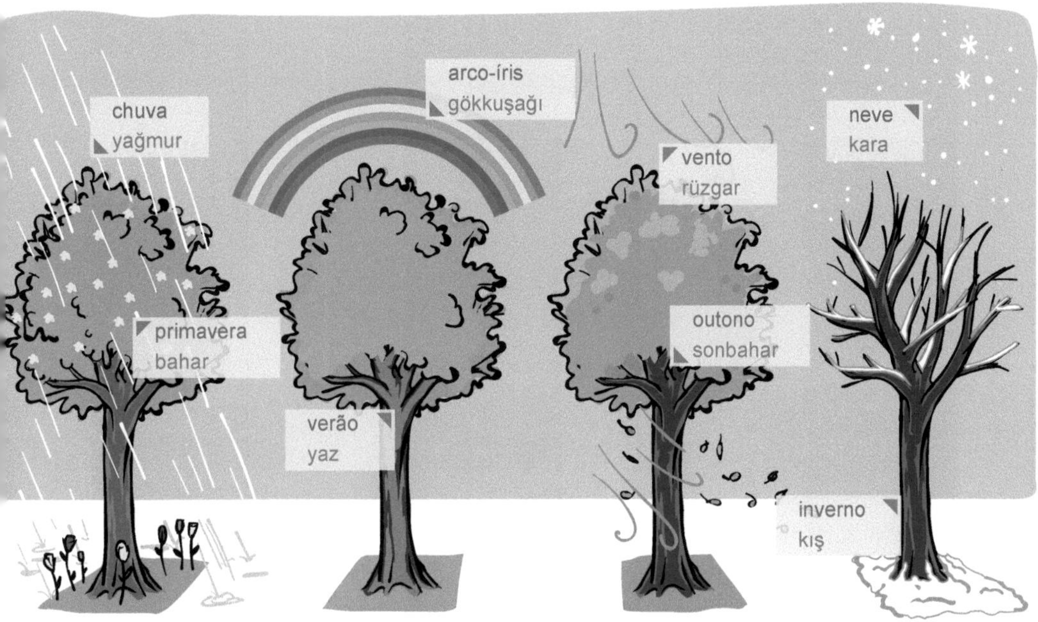

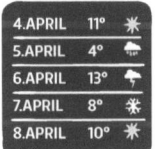

previsão do tempo

hava durumu tahmini

F
C
120
90
60
30
0
-30
40
30
20
10
0
-10
-20

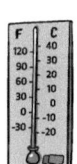

termômetro

termometre

raio de sol

güneş ışığı

nuvem

bulut

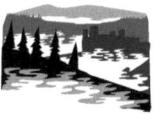

neblina / nevoeiro

sis

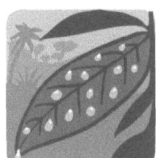

umidade do ar

nem

relâmpago

şimşek

trovão

gök gürültüsü

tempestade

fırtına

granizo

dolu

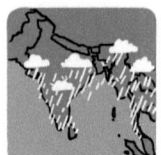

monção

muson

inundação

sel

gelo

buz

janeiro

Ocak

fevereiro

Şubat

março

Mart

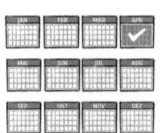

abril

Nisan

maio

Mayıs

junho

Haziran

julho

Temmuz

agosto

Ağustos

ano - yıl

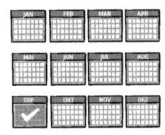

setembro
....
Eylül

outubro
....
Ekim

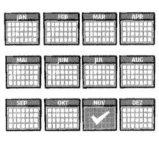

novembro
....
Kasım

dezembro
....
Aralık

formas
şekiller

círculo
....
daire

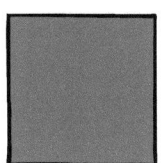

quadrado
....
kare

retângulo
....
dikdörtgen

triângulo
....
üçgen

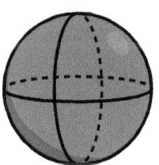

esfera
....
küre

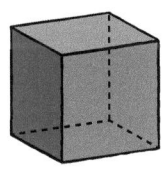

cubo
....
küp

branco
....
beyaz

amarelo
....
sarı

laranja
....
turuncu

rosa
....
pembe

vermelho
....
kırmızı

lilás
....
mor

azul
....
mavi

verde
....
yeşil

marrom
....
kahverengi

cinza
....
gri

preto
....
siyah

muito / pouco

çok / az

furioso / tranquilo

kızgın / sakin

lindo / feio

güzel / çirkin

começo / fim

başlangıç / son

grande / pequeno

büyük / küçük

claro / escuro

parlak / karanlık

irmão / irmã

erkek kardeş / kız kardeş

limpo / sujo

temiz / kirli

completo / incompleto

tamam / eksik

dia / noite

gün / gece

morto / vivo

ölü / canlı

largo / estreito

geniş / dar

comestível / não comestível

....

yenilebilir / yenilemez

mau / gentil

....

kötü / iyi

entusiasmado / entediado

....

heyecanlı / sıkılmış

gordo / magro

....

şişman / zayıf

primeiro / último

....

ilk / son

amigo / inimigo

....

dost / düşman

cheio / vazio

....

dolu / boş

duro / macio

....

sert / yumuşak

pesado / leve

....

ağır / hafif

fome / sede

....

açlık / susuzluk

doente / saudável

....

hasta / sağlıklı

ilegal / legal

....

yasa dışı / yasal

inteligente / idiota

....

zeki / aptal

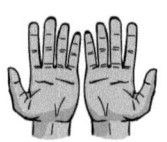

esquerda / direita

....

sol / sağ

perto / longe

....

yakın / uzak

opostos - zıt anlamlılar

novo / usado

yeni / kullanılmış

nada / alguma coisa

hiçbir şey / bir şey

velho / jovem

yaşlı / genç

ligado / desligado

açma / kapama

aberto / fechado

açık / kapalı

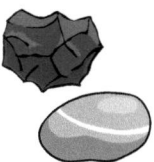

baixo / alto

sessiz / gürültülü

rico / pobre

zengin / fakir

certo / errado

doğru / yanlış

áspero / liso

pürüzlü / düz

triste / feliz

üzgün / mutlu

curto / longo

kısa / uzun

lento / rápido

yavaş / hızlı

molhado / seco

ıslak / kuru

ameno / fresco

sıcak / serin

guerra / paz

savaş / barış

0	**1**	**2**
zero	um	dois
sıfır	bir	iki

3	**4**	**5**
três	quatro	cinco
üç	dört	beş

6	**7**	**8**
seis	sete	oito
altı	yedi	sekiz

9	**10**	**11**
nove	dez	onze
dokuz	on	on bir

12
doze
....
on iki

13
treze
....
on üç

14
quatorze
....
on dört

15
quinze
....
on beş

16
dezesseis
....
on altı

17
dezessete
....
on yedi

18
dezoito
....
on sekiz

19
dezenove
....
on dokuz

20
vinte
....
yirmi

100
cem
....
yüz

1.000
mil
....
bin

1.000.000
milhão
....
milyon

inglês
....
İngilizce

inglês americano
....
Amerikan İngilizcesi

chinês mandarim
....
Çince (Mandarin)

hindi
....
Hintçe

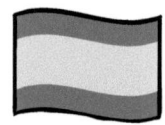

espanhol
....
İspanyolca

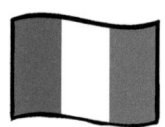

francês
....
Fransızca

árabe
....
Arapça

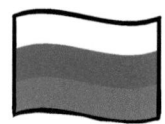

russo
....
Rusça

português
....
Portekizce

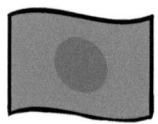

bengalês
....
Bengalce

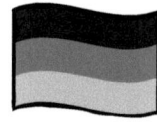

alemão
....
Almanca

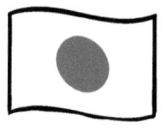

japonês
....
Japonca

eu

ben

você

sen

ele / ela

o

nós

biz

vocês

siz

eles / elas

onlar

quem?

kim?

O quê?

ne?

como?

nasıl?

onde?

nerede?

Quando?

ne zaman?

nome

isim

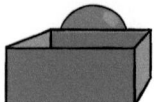

atrás

arkasında

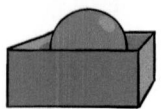

em

içinde

na frente de

önünde

sobre

üzerinde

em cima

üstünde

debaixo

altında

do lado

yanında

entre

arasında

lugar

yer